Impressum
Verlag: BABADADA GmbH, Nedderfeld 112 , 22529 Hamburg
Geschäftsführer / Verlagsleitung: Harald Hof
Druck: Books on Demand GmbH, In de Tarpen 42, 22848 Norderstedt

Imprint
Publisher: BABADADA GmbH, Nedderfeld 112 , 22529 Hamburg, Germany
Managing Director / Publishing direction: Harald Hof
Print: Books on Demand GmbH, In de Tarpen 42, 22848 Norderstedt, Germany

sukuu

ትምህርት ቤት

sukuudanmu
መማሪያ ክፍል
kyemu
ማካፈል
186/2
twerɛ pono
ሰሌዳ
sukuu mu
kyerɛkyerɛni
መምህር
krataa
ወረቀት
twerɛ
መፃፍ
pɛn
እስክሪብቶ
pono a yɛyɛ so adwuma
ማፃፊያ ጠረጴዛ
rula
ማስመሪያ
nwoma
መጽሐፍ
sukuuni
ተማሪ

baage

የጀርባ ቦርሳ

twerɛdua konko

የእርሳስ መያዣ

twerɛdua

እርሳስ

deɛ yɛde sensen twerɛdua ano

የእርሳስ መቅረጫ

rɔba

ላጲስ

krataa a yɛdwi adeguso

የስዕል ደብተር

adedwie

ስዕል

penti brɔhye

የቀለም ብሩሽ

penti adaka

የቀለም ሳጥን

apasoɔ

መቀስ

aman

ማጣበቂያ

nwoma a yɛyɛ mu adwuma

መልመጃ ደብተር

efie adwuma

የቤት ስራ

nɔma

ቁጥር

kabom

መደመር

te fri mu

መቀነስ

mmɔho

ማባዛት

sese

ቁጥሮችን ማስላት

lɛtɛ

ደብዳቤ

ntwerɛɛɛ

ፊደላት

asɛmfua

ቃል

ntwerɛdeɛ

ፅሑፍ

kenkan

ማንበብ

kyɔk

ጠመኔ

adesua

ትምህርት

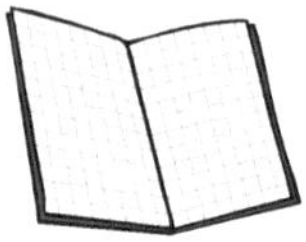

twerɛ wo din

ምዝገባ

nsɔhwɛ

ፈተና

abodinkrataa

ሰርተፊኬት

sukuu ataadeɛ

የትምህርት ቤት የደንብ ልብስ

adesua

ትምህርት

nyansa nwoma

አዉደ ጥበብ

suapɔn

ዩኒቨርስቲ

maakroskop

የምርምር አጉሊ መሳርያ

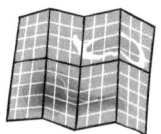

map

ካርታ

kɛntɛn a yɛde krataa nwura gu mu

የቆሻሻ ወረቀት መጣያ ቅርጫት

ahɔhogyebea
ሆቴል
Grand
hostɛl
ማረፊያ ቤት
ROOMS
EXCHANGE
baabi a yɛ sesa sika
የዉጭ ገንዘብ ምንዛሪ ቢሮ
potomanto
ልብስ መያዣ
ሻንጣ
kaa
መኪና

kasa

ቋንቋ

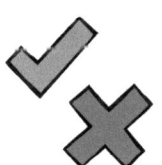

aane / dabi

አዎ/ አይደለም

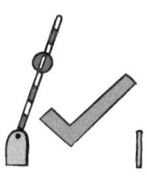

Yoo

እሺ

hɛlo

ሰላም

kasa asekyerɛfoɔ

አስተርጓሚ

Medaase

አመሰግናለሁ

...bɔɔ yɛ sɛn?

ስንት ነዉ.......?

Me nte aseɛ

አልገባኝም

ɔhaw

እክል

Maadwo!

እንደምን አመሹ!

Maakye!

እንደምን አደሩ!

Dayie!

መልካም ምሽት!

baibai o

ደህና ይሰንብቱ

akwankyerɛ

አቅጣጫ

wo nneɛma

ሻንጣ

bɔtɔ

ቦርሳ

akyirebɔtɔ

የጀርባ ቦርሳ

ɔhɔhoɔ

እንግዳ

danmu

ክፍል

bɔtɔ a yɛda mu

የመተኛ ቦርሳ

ntomadan

ድንኳን

nsɛm dema wɔn a wɔkɔ nsrahwɛ

....

የጎብኚዎች መረጃ

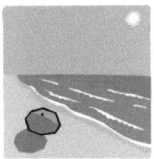

mpoano

....

የባህር ዳርቻ

kaade a yɛde yi sika

....

ክሬዲት ካርድ

anɔpa aduane

....

ቁርስ

awua aduane

....

ምሳ

anwumerɛ aduane

....

እራት

tiket

....

ቲኬት

pegya

....

አሳንሰር

stamp

....

ማህተም

ɛhyeɛ so

....

ድንበር

kutɔmfoɔ

....

ባህሎች

embasi

....

ኤምባሲ

visa

....

ቪዛ/የይለፍ ወረቀት

passpɔt

....

ፓስፖርት

akɔneabadie

መጓጓዣ

ewiemhyɛn
አዉሮፕላን
suhyɛn
መርከብ
afidie no so engine
የእሳት አደጋ መኪና
lɔre
የጭነት መኪና
bɔs
አዉቶብስ
maa a moto bɔ ho
sakre
ብስክሌት
kaa
መኪና

hyɛma

የማመላለሻ ጀልባ

suhyɛn kumaa

ጀልባ

motosakre

የሞተር ብስክሌት

polisifoɔ kaa

የፖሊስ መኪና

kaa a ɛkɔ mirika akansie

የዉድድር መኪና

kaa a yɛde ma ahan

የኪራይ መኪና

wɔre kyɛ kaa

የመኪና መጋራት

lɔre a asɛɛɛ

ጎታች መኪና

bɔɔla kaa

የቆሻሻ ጭነት መኪና

moto

ሞተር

pɛtro

ነዳጅ

baabi a yɛbu pɛtro

የቤንዚን ማደያ

trafik ahyɛnsodeɛ

የመንገድ ምልክት

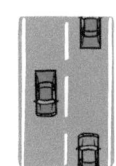

trafik

የመኪኖች እንቅስቃሴ

trafik akye

የመኪና መጨናነቅ

baabi a yɛde kaa esi

የመኪና ማቆሚያ

keteke gyinabea

የባቡር ጣቢያ

keteke kwan

የባቡር ሀዲዶች

keteke

ባቡር

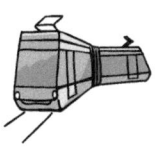

tram

የኤሌክትሪክ ባቡር

ponkɔ kaa

ሰረገላ

helikopta

ሄሊኮፕተር

ewiemhyɛnbea

አየር ማረፊያ

abansoro

ማማ

apasingyani

መንገደኛ

tontowa

ማስቀመጫ፣ ማጠራቀሚያ

adaka

ካርቶን እቃ ማሸጊያ

kaate

ጋሪ፣ ተሳቢ

kɛntɛn

ቅርጫት

atu / asi fam

መነሳት/ ማረፍ

kuro kɛseɛ

ከተማ

akurase

መንደር

kuro dwaberɛ mu

የከተማ ማዕከል

efie

ቤት

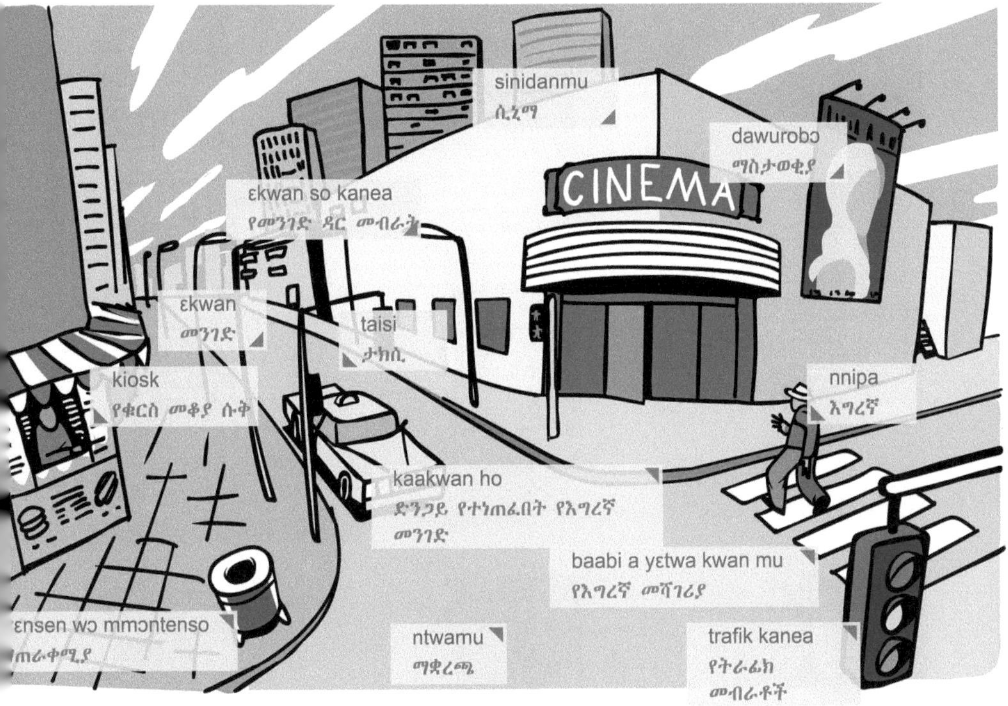

sinidanmu
ሲኒማ
CINEMA
dawurobɔ
ማስታወቂያ
ɛkwan so kanea
የመንገድ ዳር መብራት
ɛkwan
መንገድ
taisi
ታክሲ
kiosk
የቁርስ መቆያ ሱቅ
nnipa
እግረኛ
kaakwan ho
ድንጋይ የተነጠፈበት የእግረኛ መንገድ
baabi a yɛtwa kwan mu
የእግረኛ መሻገሪያ
ɛnsen wɔ mmɔntenso
ጠራቀሚያ
ntwamu
ማቋረጫ
trafik kanea
የትራፊክ መብራቶች

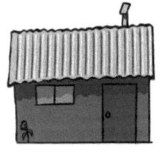

apata

ጎጆ

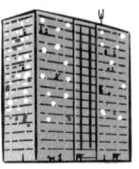

efie

አፓርታማ

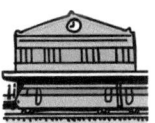

keteke gyinabea

የባቡር ጣቢያ

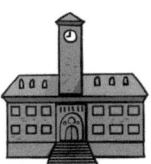

adwaberɛm

የከተማ አዳራሽ

MUSEUM

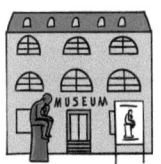

bea a yɛ kora tete nneɛma

ቤተ መዘክር

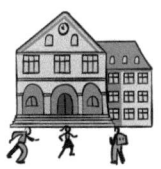

sukuu

ትምህርት ቤት

suapɔn

ዩኒቨርስቲ

sikakrobea

ባንክ

ayaresabea

ሆስፒታል

ahɔhogyebea

ሆቴል

famasi

መድሐኒት ቤት

asoeɛ

ቢሮ

sotɔɔ a wɔtɔn nwoma

መፅሐፍ መሸጫ

sotɔɔ

ሱቅ

baabi yɛtɔn nhwiren

የአበባ መሸጫ

sotɔɔpɔn

የሸቀጣ ሸቀጥ መደብር

edwam

ገበያ ስፍራ

sotɔɔ kɛseɛ

መደብር

baabi a yɛtɔn mpataa

የዓሳ ነጋዴ

dwadibea kɛseɛ

የገበያ ማዕከል

suhyɛn gyinabea

ወደብ

baabi kaa gyina

መናፈሻ ቦታ

bɛnkye

አግዳሚ ወንበር

ɛtwene

ድልድይ

atwedeɛ

ደረጃዎች

asaase ase

ዉስጥ ለዉስጥ

ɛbɔn

ዋሻ

baabi a bɔs gyina

የአዉቶቡስ ፌርማታ

nsanombea

ባር

adidibea

ምግብ ቤት

lɛta adaka

የፖስታ ሳጥን

ɛkwan so akwankyerɛ

የመንገድ ምልክት

baabi kaa gyina ho mita

የመኪና ማቆሚያ ሒሳብ የሚያሰላ ማሽን

zoo

የደር እንስሳት ማቆያ

nsuo a yɛ dware mu

የመዋኛ ገንዳ

nkramodan

መስጊድ

afuo

እርሻ

deɛ egu mmɔnten so fi

የሚበክል ነገር

asieɛ

መቃብር ስፍራ

asɔre

ቤተ ክርስቲያን

agodibea

መጫወቻ ሜዳ

asɔre dan

ቤተ መቅደስ

mmɔnten so asiesie

መልከዓምድር

ahaban
ቅጠል
sanbɔd
የመንገድ ላይ ምልክት
kwan
መንገድ
asaase a ɛsere wɔ so
አረንጓዴ መስክ
boba
ድንጋይ
ɔnantefoɔ
በእግሩ የሚጓዝ
dua
ዛፍ
asubɔnten
ወንዝ
ሳር
nhwiren
አበባ

amenamu
ሸለቆ

bepɔ
ኮረብታ

tadeɛ
ሀይቅ

kwaeɛ
ጫካ

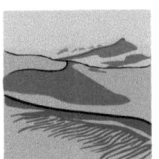
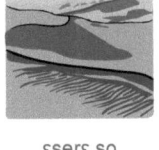

ɛserɛ so
በረሃ

egya a efri botan mu
እሳተ ገሞራ

abankɛseɛ
ግምብ

nyankontɔn
ቀስተ ዳመና

emere
እንጉዳይ

abɛtene
የቴምብር ዛፍ/ ዘንባባ

ntomntom
ቢንቢ/ የወባ ትንኝ

tu
በራሪ

ntɛtea
ጉንዳን

wowa
ንብ

ananse
ሸረሪት

amankuo

ጢንዚዛ

apɔnkyerɛni

እንቁራሪት

opuro

ሽኮኮ

apɛsɛ

ጃርት

adanko

ጥንቸል

patuo

ጉጉት ወፍ

anomaa

ወፍ

nsuo mu dabodabo

የዉሃ ዳክዬ

kɔkɔte

ከርከሮ

adoa

አጋዘን

ɔtweenini

አጋዘን

dam

ግድብ

wind turbine afidie

በነፋስ የሚሽከረከር

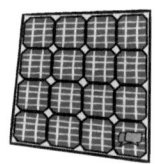

afidie a ɛkye awia

የፀሀይ ፓኔሎ

wiem nsakraeɛ

አየር ንብረት

ɔsom adidieɛ
አስተናጋጅ

aduane a ɛwɔ hɔ
ማዉጫ

akonwa
ወንበር

nkwan
ሾርባ

pisa
ፒዛ

ntere a yɛde didi
መክተፊያ

ntoma a ɛse pono so
የጠረጴዛ ጨርቅ

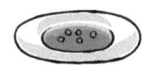

mprampra anom

የምግብ ፍላጎትን የሚከፍት
ምግብ

aduane no ankasa

ዋና ምግብ

mpa anom

ማጣጣሚያ ተከታይ ምግብ

nsa

መጠጦች

aduane

ምግብ

toa

ጠርሙስ

aduane hyewhyew

....

ፈጣን ምግብ

abɔnten so aduane

....

የመንገድ ምግብ

tii kukuo

....

የሻይ ማንቆርቆሪያ

asikyire konko

....

የስኳር እቃ

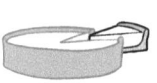

wo kyɛfa

....

ድርሻ

espresso afidie

....

የቡና ማፊያ ማሽን

akonwa tenten

....

ባለጌ ወንበር

wo ka

....

የክፍያ ደረሰኝ

apanpan

....

ትሪ

sekan

....

ቢላዋ

adinam

....

ሹካ

atere

....

ማንኪያ

atere ketewa

....

የሻይ ማንኪያ

napkin a yɛde pepa ano

....

ልብስ ምግብ እንዳይነካ የሚረዳ
ጨርቅ

glase

....

ብርጭቆ

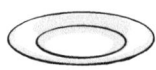

prɛte

ዝርግ ሰሀን

kwan kyɛnsee

የሾርባ ጎድጓዳ ሰሀን

prɛte ketewa

የስኒ ማስቀመጫ

abomu

ማጣፈጫ ስጎ

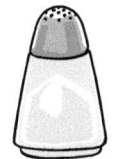

nkyene kukuo

የጨዉ እቃ

yɛde yam mako

የተፈጨ ቃሪያ

fenega

ኮምጣጤ

anwa

የምግብ ዘይት

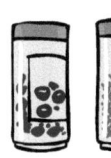

aduhwam

ቀመማ ቅመሞች

kɛkyɔp

የቲማቲም ድልህ

mustad

ሰናፍጭ

mayones

ማዮኒዝ

sotɔɔpɔn

የሸቀጣ ሸቀጥ መደብር

ntesoɔ soronko
ልዩ አቅራቦት
FOR
adetɔfoɔ
ደምበኛ
nanatwie nufusuo
የወተት ተዋፅዖ
aduaba
ፍራፍሬ
hwiili
ባለ ጎማ የእጅ ጋሪ

baabi a yɛtɔn nam

ሉካንዳ ነጋዴ

baabi a yɛtɔn paano

መጋገርያ

susu

ክብደት መመዘን

atosodeɛ

ቅጠላ ቅጠል አትክልት

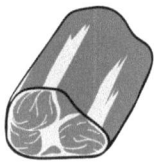

nam

ስጋ

frigyemu aduane

የቀዘቀዘ/የረጋ ምግብ

nam a adwoɔ

ቀዝቃዛ ቁራጭ

kyɛnsee mu aduane

የታሸገ ምግብ

paoda samena

የማጠቢያ ዱቄት

adedɔkɔdɔkɔ

ጣፋጮች

efie nneɛma

የቤት ዉስጥ ዉጤቶች

adetɔneɛ a yɛde pepa fin

የፅዳት ምርቶች

nnipa a ɔtɔn adeɛ

የሽያጭ ባለሙያ

afidie a egye sika

የገንዘብ መመዝቢያ ማሽን

ɔgyegye sika

የሒሳብ ሰራተኛ

ataa a wodi rekɔ di dwa

የግዢ ዝርዝር

berɛ a wɔde bua

ክፍት ሰዓታት

sikabɔtɔ

የኪስ ቦርሳ

kaade a yɛde yi sika

ክሬዲት ካርድ

baage

ቦርሳ

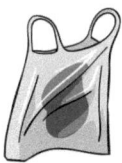

rɔba baage

የፕላስቲክ ቦርሳ

nsa

መጠጦች

nsuo

ውሃ

aduaba mu nsuo

ጭማቂ

nufusuo

ወተት

kok

ኮካ-ኮላ

wain nsa

ወይን

biya

ቢራ

mmorosa

አልኮል

kokoo

ኮካ

tii

ሻይ

kofe

ቡና

espresso

የተፈላ ቡና

kapukyino

ካፑቺኖ

kwadu

ሙዝ

apol

ፖም

ankaa

ብርቱካን

melon

ሀብሀብ

akutoɔ

ሎሚ

karɔt

ካሮት

garlik

ነጭ ሽንኩርት

pampro

ሸምበቆ

gyeene

ቀይ ሽንኩርት

mmere

እንጉዳይ

nkateɛ

ለዉዝ

talia

የህፃናት ምግብ

spageti

ፓስታ

ɛmo

ሩዝ

salad

ሰላጣ

kyipis

የድንች ጥብስ

abrɔdwomaa a y'akye

ድንች ጥብስ

pisa

ፒዛ

hambɔga

ዳቦ ዉስጥ በስሱ ተጠብሶ የገባ ስጋ

sanwekye

ሳንድዊች

nam a dompe nnim

ጥሬ ስጋ

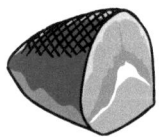

preko nam

የአሳማ ስጋ

nam a y'ahata

በቅመምና በጨዉ የታሸ ምግብ ቀዝቅዞ የሚበላ ሾርባ ምግብ

sɔsege

ቋሊማ

akokɔ

ዶሮ

toto

ጥብስ

apataa

አሳ

oosu koko

የአጃ ገንፎ

muesli

ከወተት ጋር ተደባልቀዉ የሚበሉ ምግቦች

konflese

የበቆሎ ቅርፊት

esam

ዱቄት

krossant

ኩራሳ

paano a y'abobɔ

ድብልብል ዳቦ

paano

ዳቦ

paano a y'atoto

መጥበስ

biskete

ብስኩት

bɔta

ቅቤ

nufusuo a ada

እርጎ

keeke

ኬክ

kosua

እንቁላል

kosua a y'akyeɛ

እንቁላል ጥብስ

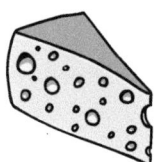

kyiis

አይብ

asskrim

የበረዶ ክሬም

asikyire

ስኳር

ɛwoɔ

ማር

gyaam

ማርማላት

kyokolete

የተናጠ የወተት ክሬም

kɔri

ማጣፈጫ

afuomdan
የገበሬ ቤት
afuomdan
የእህልና የከብት ማቀመጫ ቤት
ɛserɛ a y'aboa ano
የጭድ ክምር
asaase
ሜዳ
pɔnkɔ
ፈረስ
trela
ተሳቢ መኪና
trakta
የእርሻ መኪና
pɔnkɔ ba
የፈረስ ዉርንጭላ
afunumu
አህያ
odwan
በግ
oguama
የበግ ጠቦት

apɔnkye
ፍየል

nantwie
ላም

nantwie ba
ጥጃ

prɛko
አሳማ

prɛko ba
ግልገል አሳማ

nantwinini
ኮርማ

afuo - እርሻ

dabodabo nua

ዝይ

dabodabo

ዳክዬ

akokɔba

የዶሮ ጫጩት

akokɔbedeɛ

ዶር

akokɔnini

አዉራ ዶሮ

kusie

አይጥ

ɔkra

ደድመት

akura

አይጥ

nantwinini

በሬ

kraman

ዉሻ

kraman buo

የዉሻ ቤት

afuom drobɛn

የአትክልት ቦታ

tontora a yɛde gu nsuo

ዉሃ ማጠጫ ባልዲ

sekan a yɛde twa aburo

ረጅም ማጭድ

funtum dadeɛ

ማረሻ

kɔntɔnkrɔ

ማጭድ

asɔ

መኮትኮቻ

afuom adinam

የእህል መንሽ

akuma

መጥረቢያ

hweebaro

ኩርኩር/ የእጅ ጋሪ

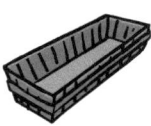

adidika

ገንዳ

nufusuo konko

የወተት ዕቃ

bɔtɔ

ጆንያ ከረጢት

ɛban

አጥር

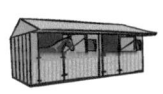

pɔnkɔ dan

የፈረስ ጋጣ

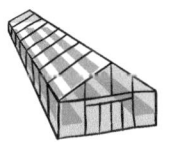

ntomadan a yɛyɛ mu afuo

ዕፅዋት ማሳደጊያ የመስታዉት ቤት

anwea

አፈር

aba

ዘር

ɔyɛ asaaseyie

የመሬት ማዳበሪያ

otwaberɛ trakta

ጥምር ማረሻ

twa

አዝመራ መሰብሰብ

otwaberɛ

አዝመራ

bayerɛ

ድንች

ayuo

ስንዴ

soya

ሶያ

abrɔdwomaa

ድንች

aburo

በቆሎ

repu aba

የከብት መኖ

dua a ɛso aba

የፍሬ ዛፍ

bankye

የካሳቫ ዛፍ

aburo asefoɔ

እህል

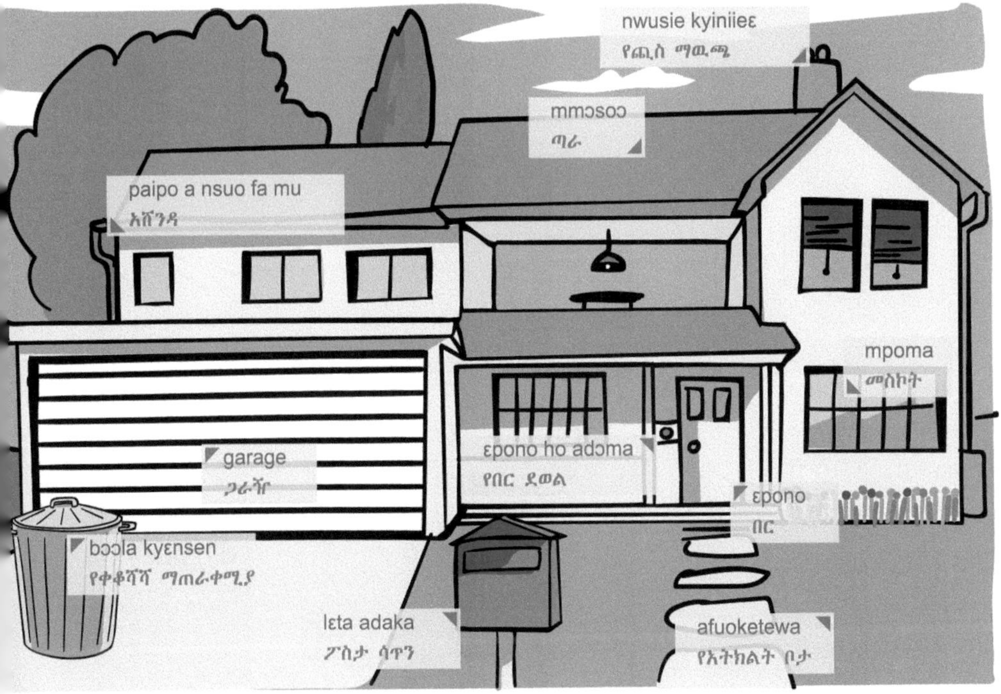

nwusie kyiniieɛ
የጪ.ስ ማዉጫ

mmɔsoɔ
ጣራ

paipo a nsuo fa mu
አሹንዳ

mpoma
መስኮት

garage
ጋራዥ

ɛpono ho adɔma
የበር ደወል

ɛpono
በር

bɔɔla kyɛnsen
የቀቆሻሻ ማጠራቀሚያ

lɛta adaka
ፖስታ ሳጥን

afuoketewa
የእትክልት ቦታ

asaso

ሳሎን

adwareɛ

መታጠቢያ ቤት

mukaase

ማድቤት

pie mu

መኝታ ቤት

nkwadaa dan mu

የልጅ ክፍል

dan a yɛdidi mu

መመገቢያ ክፍል

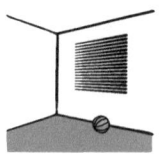

ɛfam

ወለል

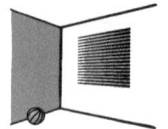

ɛban

ግድግዳ

abruuso

ጣሪያ

danbloo

ምድር ቤት

adwereɛ a ɛbɔ ɔhyew

በእንፋሎት ሙቀት መታጠቢያ ቤት

abranaa

ሰገነት

abranaaso

ከፍ ያለ መደብ

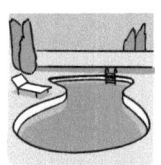

nsuo a yɛdware mu

የመዋኛ ገንዳ

afidie a yɛde dɔ

የማጨጃ መኪና

nsɛfam

አንሶላ

ntoma a ɛse kɛtɛ so

የአልጋ ልብስ

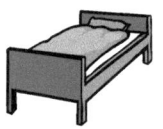

mpa

አልጋ

prayɛ

መጥረጊያ

bokiti

ባልዲ

dane

ማብሪያና ማጥፊያ

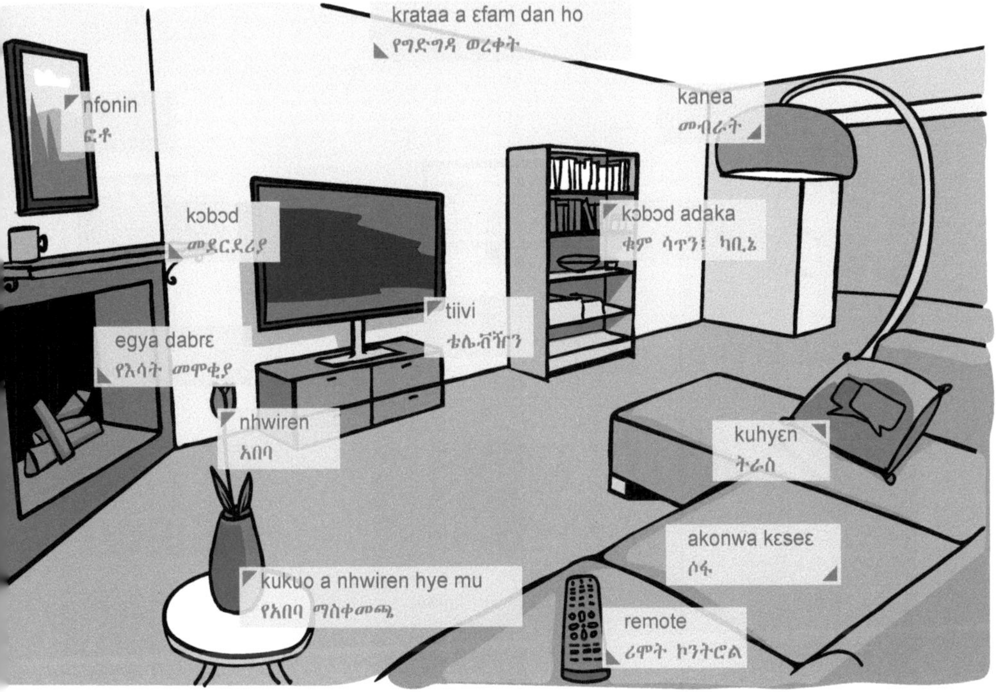

krataa a ɛfam dan ho
የግድግዳ ወረቀት

nfonin
ፎቶ

kanea
መብራት

kɔbɔd
መደርደሪያ

kɔbɔd adaka
ቁም ሳጥን፣ ካቢኔ

tiivi
ቴሌቪዥን

egya dabrɛ
የእሳት መሞቂያ

nhwiren
አበባ

kuhyɛn
ትራስ

akonwa kɛseɛ
ሶፋ

kukuo a nhwiren hye mu
የአበባ ማስቀመጫ

remote
ሪሞት ኮንትሮል

kapɛte

ንጣፍ

ntwaa dan mu

መጋረጃ

ɛpono

ጠረጴዛ

akonwa

ወንበር

akonwa a ehinhim

ተወዛዋዥ ወንበር

akonwa a yɛgyegye dan

ባለመደገፊያ ወንበር

nwoma

መጽሐፍ

kuntu

ብርድ ልብስ

dan mu nsiesie

ጌጥ

egya

ማገዶ

sini

ፊልም

wailɛs

የሙዚቃ መማጫወቻ

safoa

ቁልፍ

koowaa krataa

ጋዜጣ

nfonin a y'adwi

ስዕል

nfam danho

የተለጠፈ ማስታወቂያ እንደ ስዕል

radio

ራዲዮ

krataa a yɛ twere mu

ማስታወሻ ደብተር

afidie a ɛprapra

የአየር ማፅጃ ለምንጣፍ

kaktus

ቁልቋል

kyɛnere

ሻማ

mukaase

ማድቤት

frigye
ማቀዝቀዣ
maikrowave
ማይክሮዌቭ ምግብ
ማብሰያ
የኩሽና መመዘኛ ሚዛን
tosta
ዳቦ መጥበሻ
samena
ንፁህ ማድረጊያ
foonoo
ምድጃ
friza
ማቀዝቀዣ
bɔɔla kyɛnsen
የቆሻሻ ማጠራቀሚያ
afidie a ɛhohoro nkukuo mu
እቃ ማጠቢያ

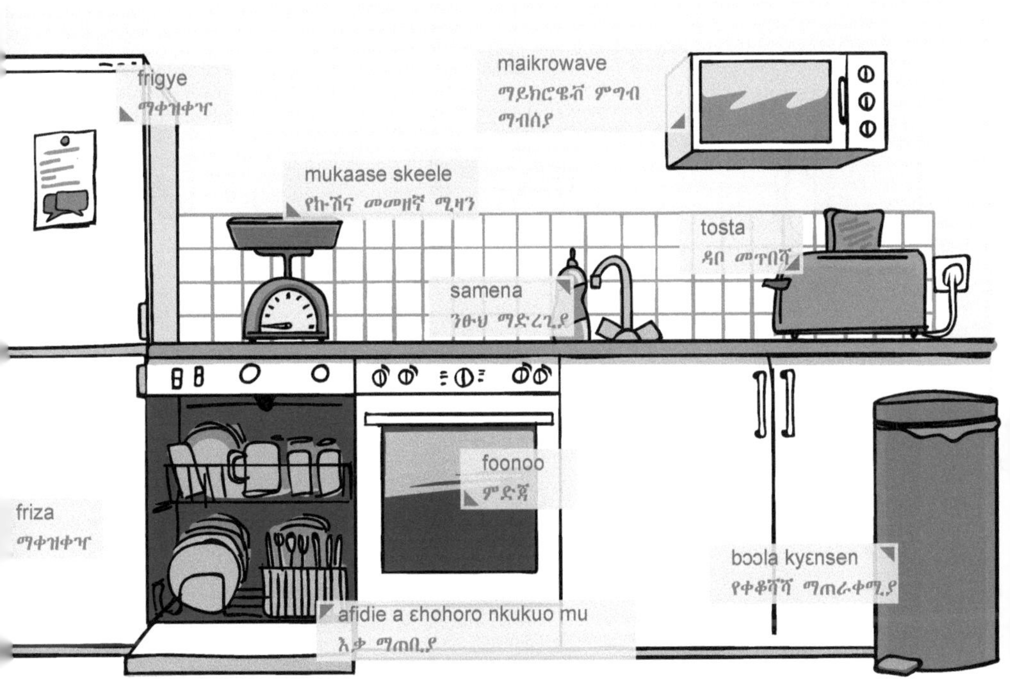

abɛɛfo bukyea

ምግብ አብሳይ

kokuo

ማሰሮ

dadesɛn

የብረት ማሰሮ

wok / kadai

ምግብ ማብሰያ ዝርግ ድስት

kyɛnsee

የምግብ መጥበሻ

nsuo hyeɛ afidie

ማንቆርቆሪያ

stiima

የእንፋሎት ማብሰያ

apa a yɛ to so adeɛ

የመጋገሪያ ትሪ

prɛte, kuruwa, ntere ne nea ɛkeka ho

ሰብስቦች

kuruwa a etumi bɔ

ትልቅ ኩባያ

kyɛnsee

ጎድጓዳ ሳህን

nnua a yɛde didi

ቾፕስቲክስ

kwantre

ጭልፋ

dua atere

መሰቅሰቂያ ዝርግ ማንኪያ

yɛde nu adeɛ mu

ማደባለቂያ

sɔneɛ

መወጠሪያ

fefe

ወንፊት

greta

መፈርፈሪያ መሳሪያ

waduro

ሲሚንቶ

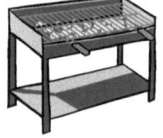

kyinkyinga

የፍም ጥብስ

bukyea

የተለቀቀ እሳት

ɔono a yɛ twitwaso adeɛ

መክተፊያ

ɛta

ተንሸራታች መርፌ

deɛ yɛtu nsa so

የጠርሙስ መክፈቻ

konko

ጣሳ

deɛ yɛde bue konko so

የጣሳ መክፈቻ

yɛde sɔ kukuo mu

የማሰሮ መሸፈኛ

sink

ሳህን ማጠቢያ

brɔhye

ብሩሽ

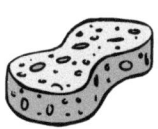

sapɔ

ስፖንጅ

aduane yam fidie

መደባለቂያ መሳሪያ

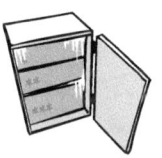

friza nini

በጣም ማቀዝቀዣ

toa a abɔdoma nom ano

ጡጦ

paipo

ቧንቧ

adwareɛ

መታጠቢያ ቤት

hyawa
መታጠቢያ
bɔɔloba
ፎጣ
ntoma etwa hyawa mu
የመታጠቢያ ቤት መጋረጃ
ahuro a yɛdware mu
የአረፋ መታጠቢያ
pan a yɛdware mu
የመታጠቢያ ገንዳ
glase
ብርጭቆ
afidie a esi nnɛma
የልብስ ማጠቢያ
paipo
ቧንቧ
tiailse
ማዕዘን ወለል
kuraba
sink
ሳህን ማጠቢያ

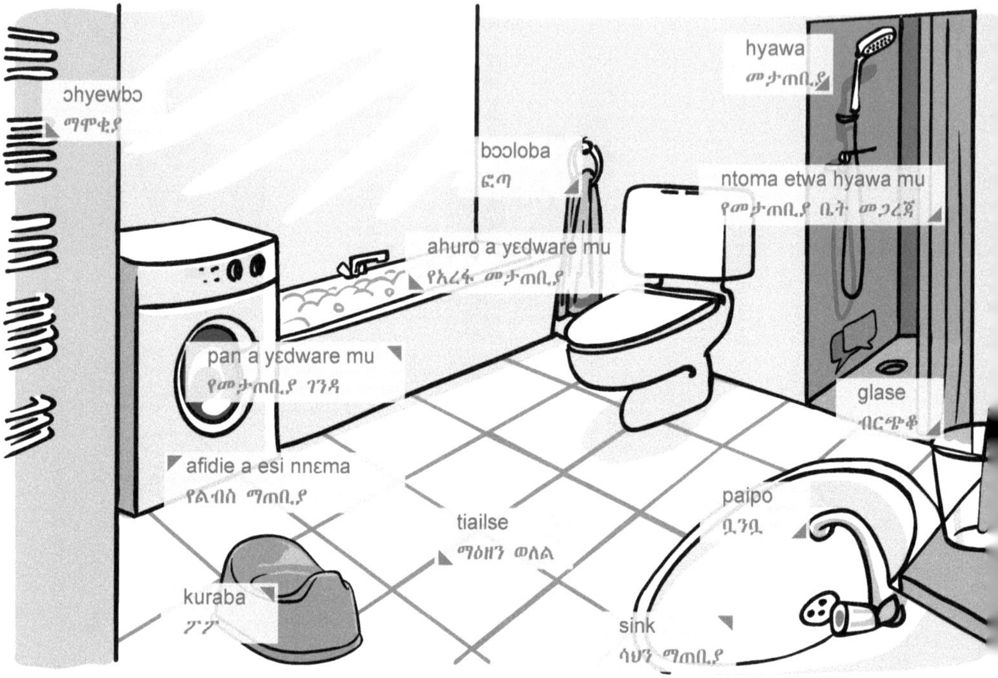

teɛfi

ሽንት ቤት

teɛfi a yɛ koto so

የሽንት ቤት መቀመጫ

bidet teɛfi

ሳፋ

dwonsɔ dan

የመንገድ ዳር መሽኛ

teɛfi so krataa

የሽንት ቤት ወረቀት

teɛfi so brɔhye

የሽንት ቤት ማፅጃ ብሩሽ

rɔhye a yɛde twitwiri see

....

የጥርስ ብሩሽ

aduro a yɛde twitwiri see

....

የጥርስ ሳሙና

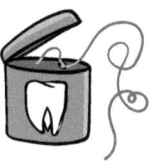

yɛde yiyi ɛsee mu

....

የጥርስ ማፅጃ ክር

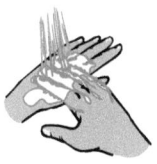

si

....

መታጠብ

hyawa a yɛsɔ mu

....

የእጅ መታጠቢያ

paipo a yɛde hohoro ananmu

....

መታጠቢያ

bokiti

....

ጎድጓዳ ሳህን

brɔhye a wode dware w'akyi

....

የጀርባ ብሩሽ

samena

....

ሳሙና

hyawa samena

....

ታጠቢያ የሚዝለገለግ ሳሙና

nsuo samena

....

የፀጉር መታጠቢያ ሳሙና

flanɛl ntoma

....

ለስላሳ ጨርቅ

baabi a nsu fa pue

....

ፍሳሽ

nku

....

ክሬም

yɛde fefa amotoamu

....

ጠረን መቀየሪያ ንጥረ ነገር

ahwehwɛ

መስታወት

ahwehwɛ a yɛsɔ mu

የእጅ መስታወት

bled

ምላጭ

ahuro a yɛde yi nwi

የመላጫ አረፋ

aduro a yɛde fefa baabi a wo ayi nwi

ከመላጨት በኋላ የሚቀባ ሽቱ

afen

ማበጠሪያ

brɔhye

ብሩሽ

afidie a ɛwo nwi

የፀጉር ማድረቂያ

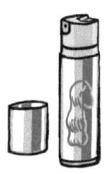

enwi sopre

በፀጉር ላይ የሚነፋ

pɔns

የፊት መቀባቢያ

lipstike

የከንፈር ቀለም

penti a yɛde mɔreɛ so

የጥፍር ቀለም

asaawa

የጥጥ ሱፍ

apasoɔ a etwa mmɔreɛ

ጥፍር መቁረጫ

aduhwam

ሽቶ

adwareɛ baage

ማጠቢያ ባልዲ

edwa

መቀመጫ

skele

ሚዛን

adwereɛ ataadeɛ

የመታጠቢያ ልብስ

rɔba a yɛde hyɛ nsa ho

የላስቲክ ጓንት

tampon

ሞዴስ

abɛɛfo amonsen

የፅዳት ፎጣ

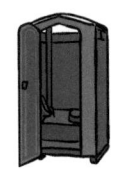

teɛfi a aduro gum

የሽንት ቤት ኬሚካል

nkwadaa dan mu

የልጅ ክፍል

klɔk a ɛbɔ nkaeɛ
kyoobi
የህፃን አሻንጉሊት
toi kaa
የመጫወቻ መኪና
akasaa
ማንገጫገጫ መጫወቻ
broniba dan
የአሻንጉሊት ቤት
seeseiara
ስጦታ

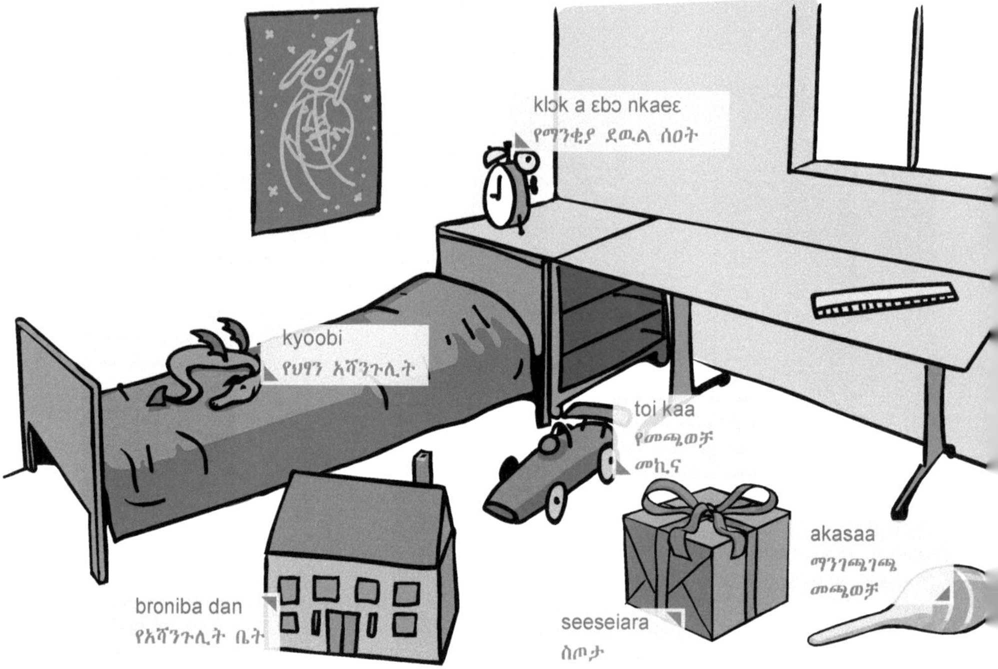

baaluu

ፊኛ

mpa

አልጋ

nkwadaa kaa

የህፃን ማንሸራሸሪያ ጋሪ

sopaa

የካርታ መጫወቻ

gyiksɔɔ

ቁርጥራጭ ምስሎችን የማገጣጠም እና ምስል የማግኘት ጨዋታ

nsɛnkwa

አዝናኝ

lego blɔg

ተገጣጣሚ መጫወቻ

blɔg a yɛde si dan

የመጫወቻ መገጣጠሚያዎች

nnipa ɔbɔhye

የድርጊት ምስል

abɔdoma ataadeɛ

የህፃን እድገት

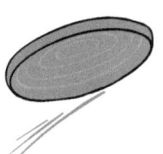

frisbee

የፕላስቲክ መጫወቻ ዝርግ ሰሀን

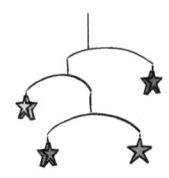

mobail

ተወዛዋዥ የህፃን ማጫወቻ

ponoso agodie

የሰሌዳ ጨዋታ

daahye

የመጫወቻ ጠጠር

nkwadaa keteke

የመጫወቻ ባቡር

koliko

የእንጀራ እናት ጡጦ

apontoɔ

ድግስ

nfonin nwoma

የስዕል መፅሀፍ

bɔɔlo

ኳስ

broniba

አሻንጉሊት

di agorɔ

መጫወት

anwea adaka

የአሸዋ መጫወቻ

adonko

ዥዋዥዌ

tois

መጫወቻዎች

video agodie apaawa

የቪዲዮ መጫወቻ

sakre a ne nan meɛnsa

ባለ ሶስት ጎማ ብስክሌት

kyoobi

የአሻንጉሊት ድብ

wɔdropo

ቁምሳጥን

ntaadeɛ

አልባሳት

sɔks

ካልሲዎች

stokens

ስቶኪንጎች

sekentait

ታይት

duku
የአንገት ልብስ

kyiniɛɛ
ጥንጥላ

t-hyɛɛt
ከናቴራ

bɛlɛte
ቀበቶ

mpaboa
ቦቲ

kyalewate
የቤት ዉስጥ ነጠላ ጫማ

kamboo
ስኒከሮች

asopatre
ነጠላ ጫማዎች

mpobʊa
ጫማዎች

rɔba mpaboa
የዝናብ ቡትስ

ɛtam
ሙታንታ

bra
ጡት መያዣ

singlɛte
ስደርያ

nipadua

ሰዉነት

trɔsa

ሱሪዎች

gyins

ጅንስ

sekɛɛt

ጉርድ ቀሚስ

ɛsoro ataadeɛ

ሸሚዝ

hyɛɛte

ሸሚዝ

nkatoho a ɛko awɔ

የሚጠለቅ ሹራብ

hoodie

ሹራብ

koot

ዩኒፎርም ጃኬት

nkatasoɔ

ጃኬት

nkatasoɔ

ኮት

nsutɔ mu nkataho

የዝናብ ኮት

dwumadie bi ho ataadeɛ

ልብስ

mmaa atadeɛ

ቀሚስ

ayefrɔ ataadeɛ

የሙሽራ ቀሚስ

kootu

ሱፍ

mmaa ataadeɛ a yɛde da

የለሊት ልብስ

pigyamas ataadeɛ

የለሊት ልብስ

sari

ረጅም ቀሚስ

duku

ሂጃብ

abotire

ጥምጣም

burka

ቡርቃ

kaftan

ሽርጥ

nkramofoɔ mmaa atadeɛ

አባያ

adeɛ a yɛde dware nsuo

የዋና ልብስ

asenemu ataadeɛ

አጭር ቁምጣ

nika

ቁምጣዎች

agokansie ntaadeɛ

የስራ ቱታ

akatasoɔ

ሽርጥ

nsa nkataho

ጓንት

bɔtom

ቁልፍ

sopɛɛse

መነፅር

ahwneɛ

አምባር

komadeɛ

የአንገት ሀብል

kawa

ቀለበት

asomadeɛ

የጆሮ ጌጥ

ɛkyɛ

ኮፍያ

yɛde koot sɛn so

የኮት መስቀያ

ɛkyɛ

ኮፍያ

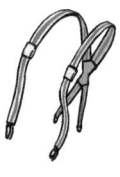

abɔmene mu

ከረቫት

zip

ዚፕ

ɛkyɛ denden

የብረት ቆብ

bresis

መደገፊያ

sukuu ataadeɛ

የትምህርት ቤት የደንብ ልብስ

adwuma ataadeɛ

የደንብ ልብስ

mmɔfra bib

መሃረብ

koliko

የእንጀራ እናት ጡጦ

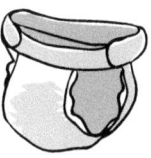

nkwadaa napken

ሽንት ጨርቅ

asoeɛ

ቢሮ

sɛɛva
ማሰራጫ
ጣቢያ

kabenɛt
የፋይል መደርደሪያ
ካቢኔ

printa
የህትመት መሳሪያ

monita
መቆጣጠሪያ

krataa
ወረቀት

epono a yɛyɛ so adwuma
መስሪያ ጠረጴዛ

Maws
ማወዝ

nhyemu
ማህደር

ntwerɛɛɛ pono
የመፃፊ ቁልፎች

akonwa
ወንበር

a yɛde krataa nwura gu mu
ረቀት መጣያ ቅርጫት

komputa
ኮምፒዩተር

kɔfe kuruwa

ቡና መጠጫ ትልቅ ኩባያ

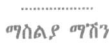

akontabuo fidie

ማስልያ ማሽን

intanɛt

ኢንተርኔት

laptop

ላፕቶፕ

lɛta

ደብዳቤ

nkratoɔ

መልዕክት

mobail kasafidie

ተንቀሳቃሽ ስልክ

nɛtwɛke

የግንኙነት አዉታር

fotokɔpi

ማባዣ ማሽን

softwɛɛ

ሶፍትዌር

tetefon

ስልክ

sɔkɛt

የግድግዳ ሶኬት

faks afidie

የፋክስ ማሽን

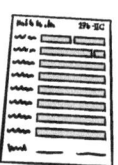

katraa

ቅፅ

nkrataa

ሰነድ

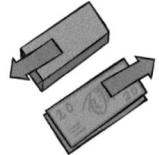

tɔ

መግዛት

tua

መክፈል

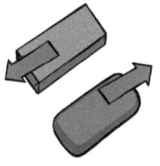

di dwa

መነገድ

sika

ገንዘብ

USD

dollar

ዶላር

EUR

euro

ዩሮ

JPY

yen

የን

RUB

rubel

ሩብል

CHF

Swiss franks

የስዊዝ ፍራንክ

CNY

renminbi yuan

ሬንሚንቢ ዩዋን

INR

rupii

ሩፒ

baabi yɛtua sika

የገንዘብ ነጥብ

baabi a yɛ sesa sika

የዉጭ ገንዘብ ምንዛሪ ቢሮ

sika kɔkɔɔ

ወርቅ

dwetɛ

ብር

now

ዘይት

ahoɔden

ሀይል፣ ጉልበት

ne boɔ

ዋጋ

kontragye

ግንኙነት

ɛtoɔ

ቀረጥ

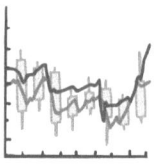

stɔk

አክስዮን

adwuma

መስራት

adwumayɛni

ተቀጣሪ

adwumawura

ቀጣሪ

mfididwuma mu

ፋብሪካ

sotɔɔ

ሱቅ

polisini
የፖሊስ አዛዥ
odumgya adwumayɛni
የእሳት አደጋ ሰራተኛ
kuku
ምግብ አብሳይ
dɔkota
ዶክተር
obi a otwi wiemhyɛn
አብራሪ

ɔyɛ afuo

አትክልተኛ

dua dwomfoɔ

አናጢ

adepani baa

ልብስ ሰፊ ሴት

atɛnmuafoɔ

ዳኛ

ɔtɔn nnuro

ቀማሚ

sini yɛfoɔ

ተዋናይ

bɔs drɔba

የአዉቶቢስ ሹፌር

taisi drɔba

የታክሲ ሹፌር

ɔpofoɔ

አሳ አጥማጅ

ɔbaa a osiesie fie

ፅዳት ሰራተኛ

ɔbɔdanso

የጣራ ሰራተኛ

ɔsom adidieɛ

አስተናጋጅ

bɔmɔfoɔ

አዳኝ

penta

ሰዓሊ

ɔto paano

ጋጋሪ

ɔyɛ nkaneɛ ho adwuma

የኤሌትሪክ ሰራተኛ

ɔdansifoɔ

ገምቢ

inginia

መሃንዲስ

ɔdwa nam

ልኳንዳ

plɔmba

የቧንቧ ሰራተኛ

krataa manefoɔ

የፖስታ ሰራተኛ

54 nwuma ahodoɔ - የስራ ሙያዎች

sogyani

ወታደር

ɔdwi adan

መሃንዲስ

ɔgyegye sika

የሒሳብ ሰራተኛ

ɔtɔn nhwiren

አበባ ሻጭ

ɔyɛ tire

የፀጉር ሰራተኛ

meeti

ቲኬት ቆራጭ

fitani

መካኒክ

nnipa a otwi suhyɛn

ካፒቴን

ɛsee dɔkota

የጥርስ ሐኪም

abɔdeɛ mu nimdefoɔ

ተመራማሪ

rabi

መምህር

kramo panin

የሙስሊም ሃይማኖታዊ መሪ

ɔsɔfo

መነኩሴ

osɔfo

ካህን

anwenade

መሳሪያዎች

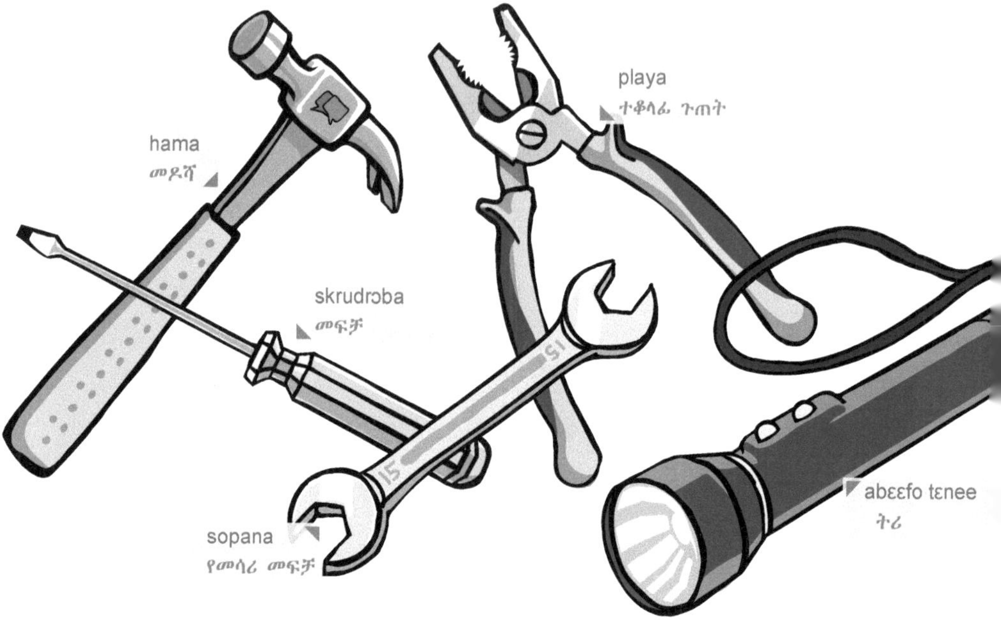

hama
መዶሻ
playa
ተቆላፊ ጉጠት
skrudrɔba
መፍቻ
sopana
የመሳሪ መፍቻ
abɛɛfo tɛnee
ትሪ

otu amena

በቁፋሮ የሚዝቅ

anwenade adaka

የመፍቻ ሳጥን

atwedeɛ

መሰላል

asradaa

መጋዝ

nnadewa

ምስማር

afidie a yɛde bɔne tokro

መሰርሰሪያ

siesie

መጠገን

sofi

አካፋ

Ebei!

የተረገመ!

asanwura

ቆሻሻ ማፈሻ

penti kukuo

የቀለም ቆርቆሮ

skruu

ብሎን

nneɛma a yɛde bɔ nwom

የሙዚቃ መሳሪያዎች

msopika a anoyɛden
የድምፅ ማጉያ መሳርያ
nneama a yɛde bɔ ntwene
የከበሮ መሳሪያዎች
dwitae
ክራር መሰል የሙዚቃ መሳሪያ
bass dwitae kɛseɛ
ድርብ ቤዝ ጊታር
abɛn
የትንፋሽ ሙዚቃ መሳሪያ

nneɛma a yɛde bɔ nwom - የሙዚቃ መሳሪያዎች 57

sankuo

ፒያኖ

ahoma sankuo

ቫዮሊን

bass dwitae

ወፍራም፤ ጎርናና ድምፅ ያለዉ ክራር መሰል ሙዚቃ መሳሪያ

atumpan

ነጋሪት

ntwene

ከበሮ

ntwerɛeɛ apa

በኤሌክትሪክ የሚሰራ ፒኖ

saksofon

የትንፋሽ ሙዚቃ መሳሪያ

atentenbɛn

ዋሽንት

maikrofon

የድምፅ ማጉያ

ነብር
ɛpono ano
mmoa dan
ሳጥን
zebra
የሜዳ አህያ
mmoa aduane
የእንስሳ ምግብ
panda
ትልቅ ድብ

mmoa
እንስሳቶች

ɔsono
ዝሆን

kangaru
ካንጋሮ

raino
አዉራሪስ

akatea
ትልቅ ዝንጀሮ

sisire
ድብ

afunupɔnkɔ

ግመል

sohori

ሰጎን

gyata

አንበሳ

adwee

ጦጣ

flamingo

ቅልጥመ ረዥም ወፍ

ako

በቀቀን

awɔ mu sisire

የወዋልታ ድብ

penguin

የዋልታ ወፎች

oboodede

ረጅም ጥርሶች ያሉትአሳ ነባሪ

akɔkonini abankwa

ጣዎስ

wɔwɔ

እባብ

dɛnkyɛm

አዞ

nnipa ɛhwɛ zoo so

የዱር አራዊት የሚጠበቁበት
ማቆያን የሚጠብቅ

nsuo mu gyata

አሳ በሊታ የባህር እንስሳ

sebɔ

የዱር ድመት

pɔnkɔ ba

....

ድንክ ፈረስ

etwie

....

ነብር

susuono

....

ጉማሬ

kɔntenten

....

ቀጭኔ

ɔkɔdeɛ

....

ንስር

kɔkɔte

....

ከርከሮ

apataa

....

አሳ

sudandan

....

የባህር ኤሊ

walrus

....

የባህር አዉሬ

sakraman

....

ቀበሮ

ɔtwee

....

የሜዳ ፍየል፤ሚዳቋ

agokansie

የስፖርት አይነቶች

Amerikafoɔ futbɔɔlo
የአሜሪካ እግርኳስ
skre twie
የብስክሌት ስፖርት
tennis
ቴኒስ
basketbɔɔlo
የቅርጫት ኳስ
nsuom adwareɛ
ዋና
akutruku
የቡጢ ስፖርት
asukɔkyea so hɔki
የበረዶ ላይ የገና ጨዋታ

futbɔl

እግር ኳስ

badmintin

የላባ ኳስ ጨዋታ

mirikatuo

አትሌቲክስ

bɔɔlo a yɛde nsa bɔ

የእጅ ኳስ ስፖርት

skii

የበረዶ መንሸራተት ስፖርት

polo

ፈረስ ግልቢያ

nwumadie

እንቅስቃሴዎች

sere
መሳቅ
huri
መዝለል
bam
ማቀፍ
nante
መራመድ
to dwom
መዘመር
so daeɛ
ህልም ማለም
bɔ mpaeɛ
መፀለይ
fe ano
መሳም

twerɛ

መፃፍ

dwi

መሳል

kyerɛ

ማሳየት

pia

መግፋት

ma

መስጠት

fa

መዉሰድ

nya

መያዝ

yɛ

ማድረግ

yɛ

መሆን

gyina

መቆም

tu mirika

መሮጥ

twe

መሳብ

to

መወርወር

tɔ fam

መዉደቅ

da hɔ

መዋሸት

twɛn

መጠበቅ

soa

መሸከም

tenase

መቀመጥ

hyɛ ataadeɛ

መልበስ

da

መተኛት

nyane

መንቃት

hwɛ

መመልከት

su

ማለልቀስ

san ho

መጫር

nunum

ማበጠር

kasa

ማዉራት

te aseɛ

መረዳት

bisa

ጥያቄ

tie

ማዳመጥ

nom

መጠጣት

didi

መብላት

yɛ nsiesie

ማንፃት

ɔdɔ

ማፍቀር

noa

ምግብ ማብሰል

twi

መንዳት

tu

መብረር

fa nsuo so

መርከብ መንዳት

sese

ቁጥሮችን ማስላት

kenkan

ማንበብ

sua

መማር

adwuma

መስራት

ware

ማግባት

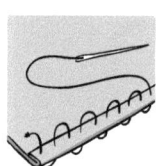

pam

መስፋት

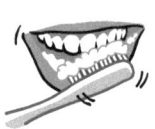

twitwiri wo se

ጥርስ መቦረሽ

kum

መግደል

nom gyɔt

ማጨስ

mane

መላክ

abusua

ቤተሰብ

nana baa
የሴት አያት
nana barima
የወንድ አያት
papa
አባት
maame
እናት
abɔdoma
ህፃን
ba baa
ሴት ልጅ
ba barima
ወንድ ልጅ

ɔhɔhoɔ

እንግዳ

sewaa

አክስት

wɔfa

አጎት

nua barima

ወንድም

nua baa

እህት

nipadua

አካል

moma
ግንባር
ani
አይን
anim
ፊት
apantan
አገጭ
nufoɔ
ጡት
nsatea
ጣት
nsa
እጅ
nsa
ክንድ
abɛtire
ትከሻ
ɛnan
እግር

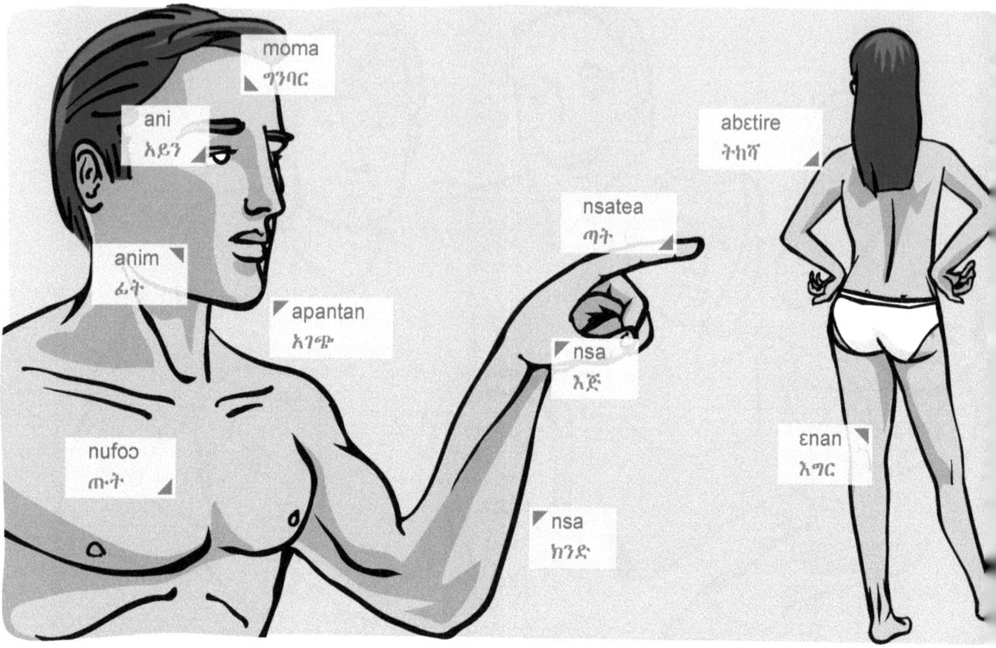

abɔdoma

ህፃን

barima

ሰዉ

ɔbaa

ሴት

abayewa

ልጃገረድ

abarimawa

ወንድ ልጅ

etire

ራስ

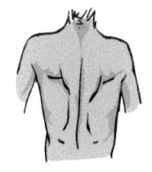

akyi

ጀርባ

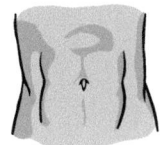

afro

ሆድ

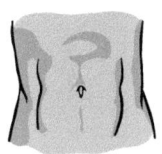

fruma

እምብርት

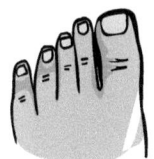

nansoa

የእግር ጣት

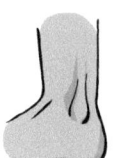

nantini

ተረከዝ

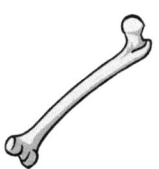

dompe

አጥንት

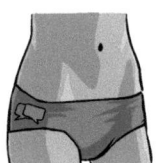

ataasoɔ

ዳሌ

kotodwe

ጉልበት

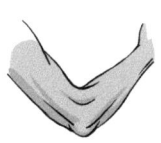

abatwɛ

ክርን

ɛhwene

አፍንጫ

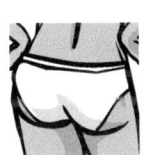

ɛtoɔ

ቂጥ

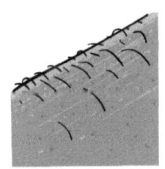

wedeɛ

ቆዳ

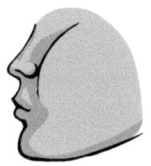

afono

ጉንጭ

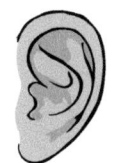

aso

ጆሮ

ano

ከንፈር

anom

አፍ

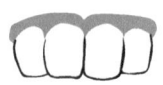

ɛsee

ጥርስ

tɛkyerɛma

ምላስ

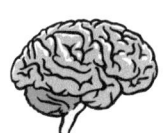

adwene

አንጎል

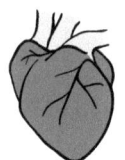

akoma

ልብ

ntini

ጡንቻ

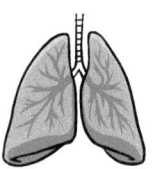

aharawa

ሳምባ

brɛboɔ

ጉበት

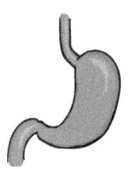

yafunu

ሆድ

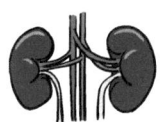

asaa

ኩላሊቶች

nna

የግብረስጋ ግንኙነት

kɔndɔm

ኮንዶም

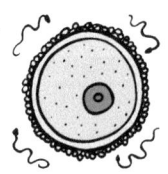

ɔbaa nkosua

የሴት እንቁላል

barima ho nsuo

የዘር ፈሳሽ

nyinsɛn

እርግዝና

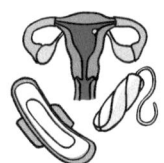

nsabuo

የወር አበባ

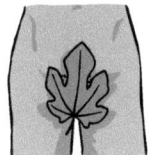

ɛtwɛ

እምስ

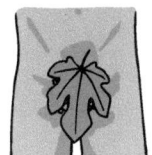

kɔteɛ

ቁላ

anintɔn

ቅንድብ

enwin

ፀጉር

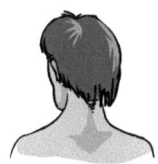

ɛkɔn

አንገት

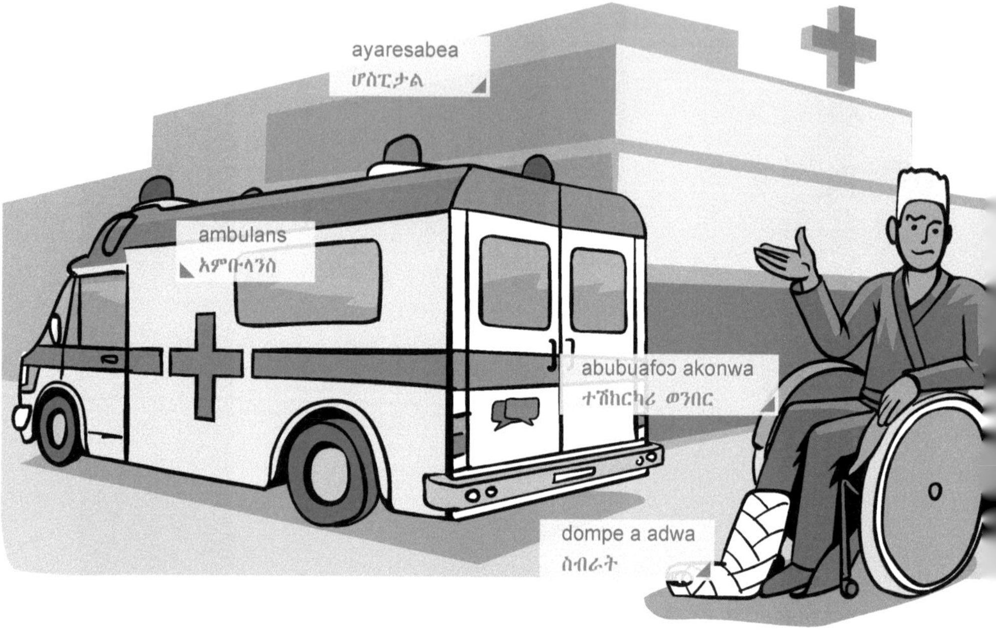

ayaresabea

ሆስፒታል

ambulans
አምቡላንስ
abubuafoɔ akonwa
ተሽከርካሪ ወንበር
dompe a adwa
ስብራት

dɔkota

ዶክተር

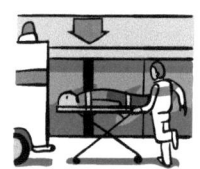

ɛdan a wɔde putupru nsɛm kɔmu

ድንገተኛ ክፍል

nɛɛse

ነርስ

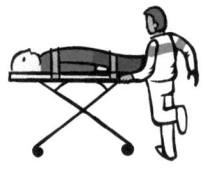

putupru

ድንገተኛ

wɔ atwa ahwe

ራስን መሳት/ አለማወቅ

yea

ህመም

epira

ጉዳት

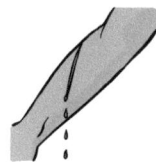

mogyatuo

መድማት

akoma yarenini

የልብ ድካም

stroke yareɛ

ስትሮክ

allegyi

አለርጂ

ɛwa

ሳል

ahoɔhyeɛ

ትኩሳት

papu

ኢንፍሎዌንዛ

ayamtuo

ተቅማጥ

tipaeɛ

የራስ ምታት

kokoram

ካንሰር

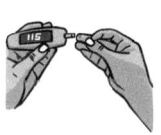

asikyire yareɛ

የስኳር በሽታ

dɔkota a ɛyɛ oprehyɛn

ቀዶ ጠጋኝ ሐኪም

skapɛl sekan

የቀዶ ጥገና ስለት

aprehyɛn

ቀዶ ጥገና

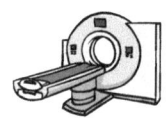

CT

ሲ.ቲ

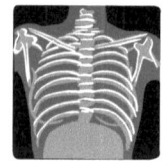

x-ray

ኤክስሬዮ

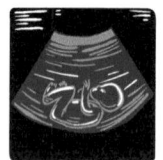

ultrasound

አልትራሳዉንድ

nkatanim

የፊት ጭምብል

yareɛ

በሽታ

ɛdan a wɔ twɛn mu

መጠበቂያ ክፍል

krɔhyes

ምርኩዝ

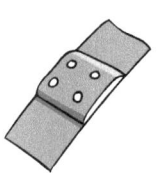

plasta

የቁስል ማሸጊያ

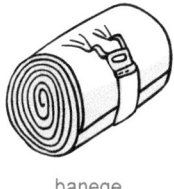

banege

ፋሻ

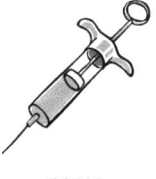

paneɛ

መርፌ

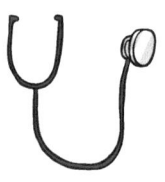

Stetoskop

የልብ ምት ማዳመጫ መሳሪያ

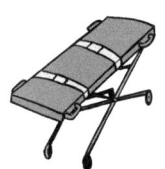

ahomankaa

የበሽተኛ አልጋ

afidie a esusu ahɔhyeɛ

የህክምና ሙቀት መለኪያ መሳሪያ

awoɔ

መውለድ

kɛseɛ mmorosoɔ

ከልክ ያለፈ ክብደት

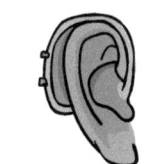

afidie a ɛboa asɛmtie

ለመስማት የሚረዳ መሳሪያ

aduro a ekum mmoawa

ፀረ ተባይ መድሀኒት

yareɛ a mmoawa deba

ማመርቀዝ

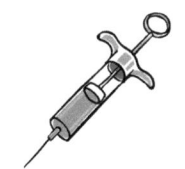

vaarɔs

ቫይረስ

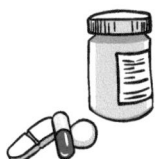

HIV / AIDS

ኤች አይቪ. ኤድስ

aduro

ህክምና

aduro a esi yareɛ ano

ክትባት

aduro tablɛte

ኪኒን

topaeɛ

ኪኒን

ɔfrɛ wɔ putupru so

አስቸኳይ የስልክ ጥሪ

afidie a esusu mogya
mmrosoɔ

ደም ግፊት መቆጣጠሪያ

yareɛ / apomuden

ህመም/ ጤንነት

putupru

ድንገተኛ

Boa me!

እርዳታ!

kɔkɔbɔ

ማንቂያ ደዉል

ɛbɔrɔ

ጥቃት

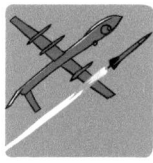

ato ahyɛ obi so

ድብደባ

ɛyɛ hu

አደጋ

baabi a yɛfa de pue putupru so

የድንገተኛ መዉጫ

Ogya!

እሳት!

afidie a yɛde dumgya

እሳት ማጥፊያ

nkwanhyia

አደጋ

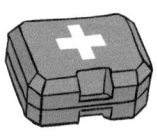

nneɛma yɛde sɔ yareɛ ano

የመጀመሪያ እርዳታ መድሃኒት መያዣ

SOS

ነፍስ አድን

polisi

ፖሊስ

Yuropo

አ ዉ ሮ ፓ

Amerika atifi

ሰሜን አሜሪካ

Amerika ananfoɔ

ደቡብ አሜሪካ

Abiberm

አፍሪካ

Asia

እስያ

Australia

አ ዉስትራሊያ

Atlantik

አትላንቲክ

Pasifek

ፓስፊክ

India po kɛseɛ

የህንድ ዉቅያኖስ

Antaatek po keseɛ

አንታርክቲክ ዉቅያኖስ

Aatek po kɛseɛ

አርክቲክ ዉቅያኖስ

Ewiase atifi

ሰሜን ዋልታ

Ewiase anaafoɔ

ደቡብ ዋልታ

Antaatek

አንታርክቲካ

Ewiase

ምድር

asaase

መሬት

ɛpo

ባህር

supɔ

ደሴት

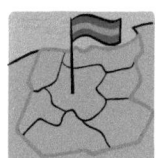

ɔman

አገርና ህዝብ

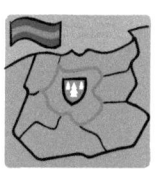

ɔman

መንግስት

klɔko

ሰዓት

klɔko no anim

የሰዓት ገፅታ

dɔnhwere nsa no

ሰዓት

sima nsa

ደቂቃ

anitɛtɛ nsa no

ሴኮንድ

Abɔ sɛn?

ስንት ሰዓት ነው?

da

ቀን

berɛ

ጊዜ

seeseiara

አሁን

wkye a nɔma wɔ so

የቁጥር ሰዐት

sima

ደቂቃ

dɔnhwere

ሰዓታት

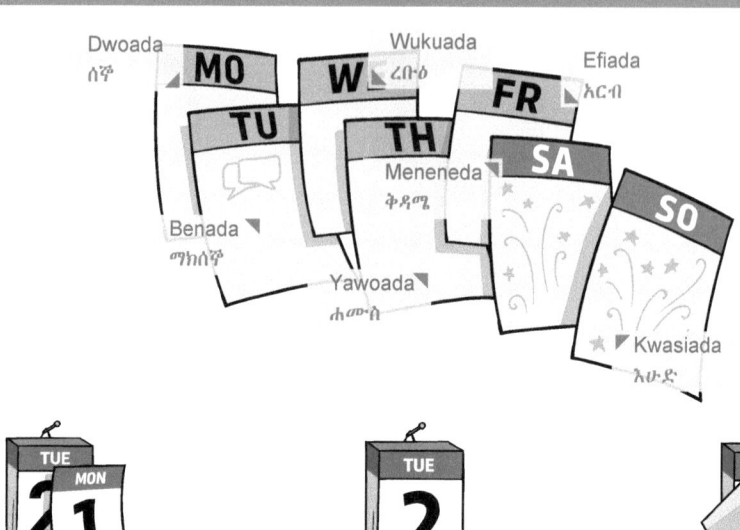

nnawɔtwe

ሳምንት

ɛnora

ትላንት

ɛnora

ዛሬ

ɔkyina

ነገ

anɔpa

ማለዳ

prɛmtobrɛ

ቀትር

anwumerɛ

ምሽት

adwuma nna

የስራ ቀናት

nnawɔtwe awieɛ

የዕረፍት ቀናት

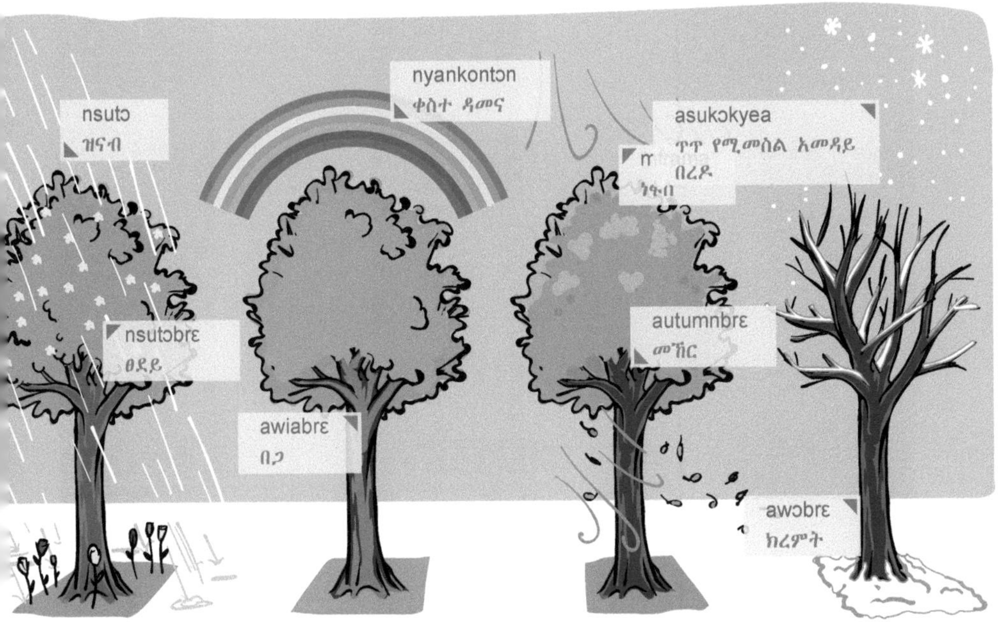

nsutɔ
ዝናብ

nyankontɔn
ቀስተ ዳመና

asukɔkyea
ጥጥ የሚመስል አመዳይ
በረዶ

m
ነጣብ

nsutobrɛ
ፀደይ

awiabrɛ
በጋ

autumnbrɛ
መኽር

awɔbrɛ
ክረምት

4.APRIL	11°	☀
5.APRIL	4°	
6.APRIL	13°	
7.APRIL	8°	❄
8.APRIL	10°	☀

ewiem nsakrɛeɛ

የአየር ሁኔታ ትንበያ

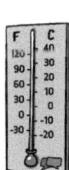

afidie a esusu ade ho hyeɛ

የሙቀት መለኪያ

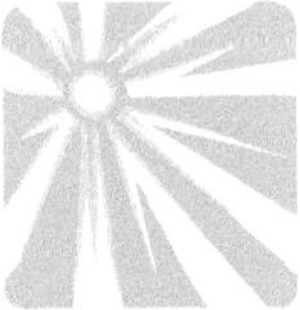

awiabɔ

የፀሀይ ሙቀት

munukum

ደመና

ɛbɔ

ጭጋግ

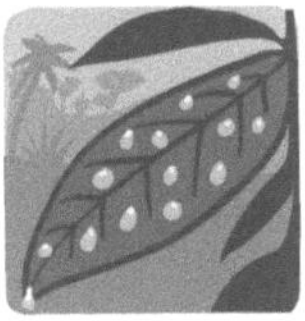

ewiem nsuo

እርጥብታማነት

ayerɛmo

መብረቅ

apranaa

ነጎድጓድ

ehum

አዉሎ ንፋስ

asukɔkyea

የበረዶ ዝናብ

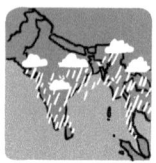

monsoonbrɛ

አዉሎ ንፋስ

nsuyiri

ጎርፍ

aise

በረዶ

ɔpɛpɔn

ጥር

ɔgyefoɔ

የካቲት

ɔbɛnem

መጋቢት

Oforisuo

ሚያዚያ

Kotonimaa

ግንቦት

Ayɛwohomumu

ሰኔ

Kitawonsa

ሐምሌ

ɔsanaa

ነሀሴ

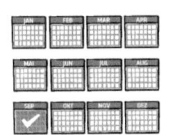

ɛbɔ

መስከረም

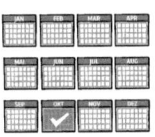

Ahinime

ጥቅምት

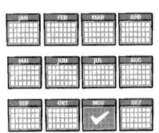

Obubuo

ህዳር

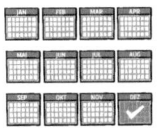

ɔpɛnimaa

ታህሳስ

abosuo

ቅርፆች

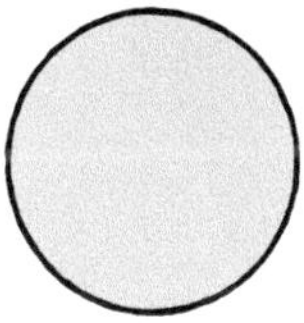

kanko

ክብ

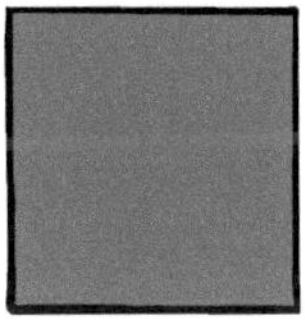

sokwɛɛ

አራት ማዕዘን

rɛktangel

አራት ቀጥተኛ ማዕዘኖች ጎኖች ያሉት ቅርፅ

triangel

ሶስት ማዕዘን

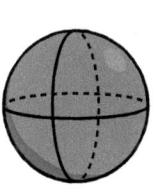

krukruwa

ሉል

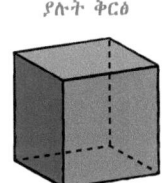

adaka

ስድስት ጎን ያለዉ ቅርፅ

ahosoɔ

ቀለማት

fitaa

ነጭ

akokɔ sradeɛ

ቢጫ

ankaa

ብርቱካናማ

pink

ሮዝ

kɔkɔɔ

ቀይ

pɛpol

ወይን ጠጅ

bruu

ሰማያዊ

ahaban mono

አረንጓዴ

braun

ቡኒ

nson

ግራጫ

tuntum

ጥቁር

abirabɔ

ተቃራኒዎች

pii / ketewa

....

ብዙ/ ጥቂት

wo boafu / wɔ adwo

....

ንዴት/ እርጋታ

ɛyɛ fɛ / ɛyɛ tan

....

ቆንጆ/ አስቀያሚ

ahyɛseɛ / awieɛ

....

ጅማሬ/ ፍፃሜ

kɛseɛ / esua

....

ትልቅ/ ትንሽ

ɛha / esum

....

ደማቅ/ ደብዛዛ

nuabarima / nuabaa

....

ወንድም/ እህት

ɛho te / ayɛ fin

....

ንፁህ/ ቆሻሻ

awie / enwieɛ

....

የተሟላ/ ያልተሟላ

awia / anadwo

....

ቀን/ ምሽት

awu / ɛte ase

....

የሞተ/ ህያዉ

emubae / ɛyɛ tea

....

ሰፊ/ ጠባብ

yɛde /yɛnni

የሚበላ/ የማይበላ

bɔne / tema

ክፉ/ ደግ

wɔ aniagye / wɔ ani nka

ደስተኛ/ ድብርተኛ

ɔso / teatea

ወፍራም/ ቀጭን

edikan / etwatoɔ

መጀመርያ/ መጨረሻ

adamfoɔ / atamfo

ጓደኛ/ ጠላት

ayɛ mma / hwee nim

ሙሉ/ ጎዶሎ

ɛdenden / mmerɛ mmerɛ

ጠንካራ/ ለስላሳ

ɛyɛ duru / ɛyɛ ha

ከባድ/ ቀላል

ɛkɔm / nsukɔm

ረሃብ/ ጥማት

yareɛ / apomuden

ህመም/ ጤንነት

etia mmara / ɛwɔ mmara mu

ህገወጥ/ ህጋዊ

nyansa / gyimi

ጎበዝ/ ደደብ

benkum / nifa

ግራ/ ቀኝ

ɛbɛn / akyire

ቅርብ/ ሩቅ

foforɔ / dada

አዲስ / አሮጌ

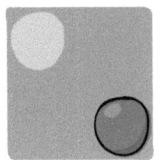

hwee / biribi

ምንም/ የሆነ ነገር

wɔ anyini / ɔsua

ሽማግሌ/ ወጣት

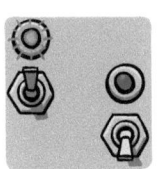

sɔ /dum

የበራ/ የጠፋ

bue / tom

ክፍት/ ዝግ

dinn / dede

ፀጥታ/ ጫጫታ

ɔdefoɔ / ohia

ሃብታም/ ደሃ

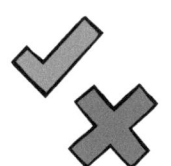

nifa / benkum

ትክክለኛ/ የተሳሳተ

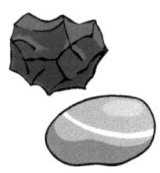

werewerɛwerewerɛ / trontron

ሻካራ/ ለስላሳ

awerɛhoɔ / anigyeɛ

ሐዘን/ ደስታ

tietia / tenten

አጭር/ ረዥም

nyaa / ntɛm

ዝግተኛ/ ፈጣን

afɔ / awɔ

እርጥብ/ ደረቅ

dedɛɛdeɛɛ / adwo

ሞቃት/ ቀዝቃዛ

akoo / asomdweɛ

ጦርነት/ ሰላም

nɔma

ቁጥሮች

0	1	2
hwee	baako	mienu
ዜሮ	አንድ	ሁለት
3	4	5
meɛnsa	ɛnan	enum
ሶስት	አራት	አምስት
6	7	8
nsia	nson	nwɔtwe
ስድስት	ሰባት	ስምንት
9	10	11
nkron	edu	du-baako
ዘጠኝ	አስር	አስራ አንድ

12

du-mienu

አስራ ሁለት

13

du-meɛnsa

አስራ ሶስት

14

du-nan

አስራ አራት

15

du-num

አስራ አምስት

16

du-nsia

አስራ ስድስት

17

de-nson

አስራ ሰባት

18

du-nwɔtwe

አስራ ስስምንት

19

du-nkron

አስራ ዘጠኝ

20

aduonu

ሃያ

100

ɔha

መቶ

1.000

apem

ሽህ

1.000.000

ɔpepem

ሚሊዮን

kasa ahodoɔ

ቋንቋዎች

Brɔfo

እንግሊዝኛ

Amerikafoɔ Brɔfo

የአሜሪካ እንግሊዝኛ

Chainfoɔ Mandarin

የቻይና ማንዳሪን

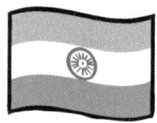

Hindi

ሂንዱ

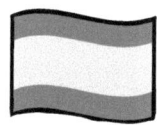

Spainfoɔ kasa

ስፓኒሽ

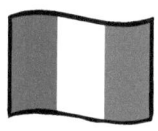

French kasa

ፍሬንች

Arabia kasa

አረብኛ

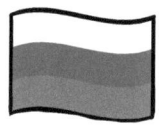

Russianfoɔ kasa

ራሺያኛ

Portugalfoɔ kasa

ፖርቱጊዝ

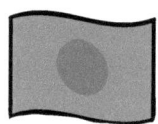

Bengali

ቤንጋሊ

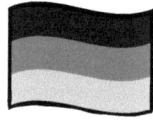

Germanfoɔ kasa

ጀርመን

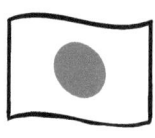

Japanfoɔ kasa

ጃፓንኛ

hwan / deɛ bɛn / ɛyɛ deɛn

ማን/ ምን/ እንዴት

Me

እኔ

wo

አንተ

ono

እሱ/ እርሷ/ እቃዉ

yɛn

እኛ

wo

አንተ

ɔmmo

እነርሱ

hwan?

ማን?

deɛ bɛn?

ምን?

ɛyɛ deɛn?

እንዴት?

ehen?

የት?

dabɛn?

መቼ?

edin

ስም

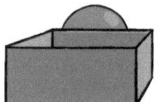

ɛhen

የት

akyire

በስተጀርባ

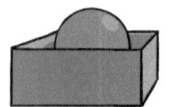

emu

ዉስጥ

anim

ከፊት ለፊት

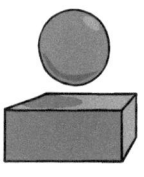

ɛsoro

ከላይ

ɛso

ላይ

aseɛ

ከስር

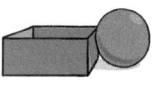

nkyɛn

አጠገብ

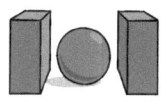

ntɛm

መሃከል

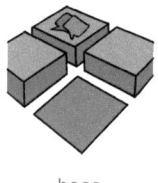

beaɛ

ቦታ